# FEM

AF417841

Breve historia del Foro Económico Mundial con Klaus Schwab, Agenda 2030, The Great Reset, Críticas y controversias

# Descargo de responsabilidad

**Copyright 2022 by ACADEMY ARCHIVES - *Todos los derechos reservados***

Este documento pretende proporcionar información exacta y fiable en relación con el tema y la cuestión tratados. La publicación se vende con la idea de que el editor no está obligado a prestar servicios contables, oficialmente permitidos, o de otro tipo, cualificados. Si es necesario asesoramiento, legal o profesional, se debe pedir a una persona con práctica en la profesión - de una Declaración de Principios que fue aceptada y aprobada igualmente por un Comité de la Asociación Americana de Abogados y un Comité de los Editores y Asociaciones.

Queda prohibida la reproducción, duplicación o transmisión total o parcial de este documento, ya sea por medios electrónicos o en formato impreso. Queda terminantemente prohibida la grabación de esta publicación y no se permite el almacenamiento de este documento a menos que se cuente con la autorización por escrito del editor. Reservados todos los derechos.

La presentación de la información se realiza sin contrato ni garantía de ningún tipo. Las marcas comerciales que se utilizan son sin ningún tipo de consentimiento, y la publicación de la marca comercial es sin permiso o respaldo por parte del propietario de la marca. Todas las marcas registradas y marcas dentro de este libro son sólo para fines aclaratorios y son propiedad de los propios propietarios, no afiliados con este documento. No fomentamos el abuso de sustancias y no nos hacemos responsables de la participación en actividades ilegales.

1

# Introducción

El Foro Económico Mundial (FEM) es una organización internacional no gubernamental y de lobby de empresas multinacionales con sede en Colonia, cantón de Ginebra (Suiza). Fue fundado el 24 de enero de 1971 por el ingeniero alemán Klaus Schwab. La fundación, financiada en su mayor parte por sus 1.000 empresas miembros - normalmente empresas globales con más de 5.000 millones de dólares de facturación-, así como por subvenciones públicas, considera que su propia misión es "mejorar el estado del mundo mediante la participación de líderes empresariales, políticos, académicos y otros líderes de la sociedad para dar forma a las agendas globales, regionales e industriales".

El FEM es conocido sobre todo por su reunión anual a finales de enero en Davos, una estación de montaña en la región suiza de los Alpes orientales. La reunión congrega a unos 3.000 miembros de pago y participantes selectos - entre los que se encuentran inversores, empresarios, líderes políticos, economistas, celebridades y periodistas- durante un máximo de cinco días para debatir asuntos mundiales a lo largo de 500 sesiones.

Además de Davos, la organización convoca conferencias regionales en lugares de África, Asia Oriental, América Latina e India, y celebra otras dos reuniones anuales en China y los Emiratos Árabes Unidos. Además, elabora una serie de informes, involucra a sus miembros en iniciativas sectoriales y ofrece una plataforma para que los líderes de determinados grupos de interés colaboren en proyectos e iniciativas.

El Foro sugiere que la mejor forma de gestionar un mundo globalizado es mediante una coalición autoseleccionada de empresas multinacionales, gobiernos y organizaciones de la sociedad civil (OSC), que se expresa a través de iniciativas como el "Gran Reset" y el "Rediseño Global".

El Foro Económico Mundial y su reunión anual en Davos han recibido críticas a lo largo de los años, como la captura corporativa de las instituciones mundiales y democráticas por parte de la organización, sus iniciativas de encubrimiento institucional, el coste público de la seguridad, el estatus de exención fiscal de la organización, la falta de claridad de los procesos de decisión y los criterios de afiliación, la falta de transparencia financiera y la huella medioambiental de sus reuniones anuales. Como

3

reacción a las críticas de la sociedad suiza, el gobierno federal suizo decidió en febrero de 2021 reducir sus contribuciones anuales al FEM. Además, se critica al FEM por "hipócrita" respecto a los derechos humanos de los palestinos cuando rechazó una petición de sus propios electores para condenar la agresión de Israel contra los palestinos, alegando que es una organización "imparcial", y luego, unos meses más tarde, condenó voluntariamente la agresión de Rusia contra Ucrania. El FEM también ha sido objeto de teorías conspirativas.

El coste que debían pagar las empresas por un delegado en el FEM era de 70.000 dólares a principios de los años 2000, y en 2022 era de 120.000 dólares.

WORLD
ECONOMIC
FORUM

COMMITTED TO
IMPROVING THE STATE
OF THE WORLD

# Índice

## Historia del FEM

El FEM fue fundado en 1971 por Klaus Schwab, profesor de negocios de la Universidad de Ginebra. Primero se denominó Foro Europeo de Gestión, pero en 1987 cambió su nombre por el de Foro Económico Mundial e intentó ampliar su visión para incluir la creación de una plataforma de resolución de conflictos internacionales.

En febrero de 1971, Schwab invitó a 450 ejecutivos de empresas de Europa Occidental al primer Simposio Europeo de Gestión celebrado en el Centro de Congresos de Davos bajo el patrocinio de la Comisión Europea y asociaciones industriales europeas, en el que Schwab trató de presentar a las empresas europeas las prácticas de gestión estadounidenses. Posteriormente fundó el FEM como organización sin ánimo de lucro con sede en Ginebra y atrajo a los líderes empresariales europeos a Davos para celebrar las reuniones anuales cada mes de enero.

El segundo Foro Europeo de Gestión, celebrado en 1972, fue la primera reunión en la que uno de los ponentes del foro fue un Jefe de Gobierno, el Presidente Pierre Werner de Luxemburgo.

Los acontecimientos de 1973, como el colapso del mecanismo de tipos de cambio fijos de Bretton Woods y la guerra del Yom Kippur, hicieron que la reunión anual dejara de centrarse en la gestión para centrarse en cuestiones económicas y sociales y, por primera vez, se invitó a dirigentes políticos a la reunión anual de enero de 1974.

Durante la primera década, el foro mantuvo un ambiente lúdico, con muchos miembros esquiando y participando en eventos nocturnos. Valorando el evento de 1981, un asistente señaló que "el foro ofrece unas vacaciones deliciosas a cuenta de gastos".

Los líderes políticos pronto empezaron a utilizar la reunión anual como escenario para promover sus intereses. En 1988, Grecia y Turquía firmaron la *Declaración de Davos*, que les ayudó a alejarse del borde de la guerra. En 1992, el Presidente sudafricano F. W. de Klerk se reunió con Nelson Mandela y el Jefe Mangosuthu Buthelezi en la reunión anual, su primera aparición conjunta fuera de

Sudáfrica. En la reunión anual de 1994, el ministro de Asuntos Exteriores israelí, Shimon Peres, y el presidente de la OLP, Yasser Arafat, alcanzaron un proyecto de acuerdo sobre Gaza y Jericó.

En octubre de 2004, el Foro Económico Mundial acaparó la atención por la dimisión de su Consejero Delegado y Director Ejecutivo, José María Figueres, debido a la percepción no declarada de más de 900.000 dólares en concepto de honorarios de consultoría de la empresa francesa de telecomunicaciones Alcatel. Transparencia Internacional destacó este incidente en su Informe Global de la Corrupción dos años después, en 2006.

En enero de 2006, el FEM publicó en su revista *Agenda Global* un artículo titulado "Boicot a Israel", que se distribuyó a los 2.340 participantes en la reunión anual. Tras la publicación, Klaus Schwab calificó la publicación de "fallo inaceptable en el proceso editorial".

A finales de 2015, se amplió la invitación para incluir a una delegación norcoreana en el FEM de 2016, "en vista de las señales positivas procedentes del país", señalaron los organizadores del FEM. Corea del Norte no asiste al FEM

9

desde 1998. La invitación fue aceptada. Sin embargo, el FEM revocó la invitación el 13 de enero de 2016, tras la prueba nuclear norcoreana del 6 de enero de 2016, y la asistencia del país quedó sujeta a "sanciones existentes y posibles sanciones futuras". A pesar de las protestas de Corea del Norte, que calificó la decisión de la junta directiva del FEM de "repentina e irresponsable", el comité del FEM mantuvo la exclusión porque "en estas circunstancias no habría oportunidad para el diálogo internacional".

En 2017, el FEM de Davos atrajo una considerable atención cuando, por primera vez, un jefe de Estado de la República Popular China estuvo presente en el complejo alpino. Con el Brexit como telón de fondo, una administración estadounidense proteccionista entrante e importantes presiones sobre las zonas de libre comercio y los acuerdos comerciales, el líder supremo Xi Jinping defendió el esquema económico mundial y presentó a China como una nación responsable y líder de las causas medioambientales. Reprochó duramente los actuales movimientos populistas que introducirían aranceles y obstaculizarían el comercio mundial, advirtiendo de que tal proteccionismo podría fomentar el aislamiento y reducir las oportunidades económicas.

En 2018, el primer ministro indio, Narendra Modi, pronunció el discurso principal, convirtiéndose en el primer jefe de gobierno de la India en pronunciar el discurso inaugural de la sesión plenaria anual de Davos. Modi destacó el calentamiento global (cambio climático), el terrorismo y el proteccionismo como los tres principales retos mundiales, y expresó su confianza en que puedan abordarse con un esfuerzo colectivo.

En 2019, el presidente brasileño, Jair Bolsonaro, pronunció el discurso principal en la sesión plenaria de la conferencia. En su primer viaje internacional a Davos, hizo hincapié en las políticas económicas liberales a pesar de su programa populista, e intentó asegurar al mundo que Brasil es un protector de la selva tropical al tiempo que utiliza sus recursos para la producción y exportación de alimentos. Afirmó que "su gobierno tratará de integrar mejor a Brasil en el mundo incorporando las mejores prácticas internacionales, como las adoptadas y promovidas por la OCDE". Las preocupaciones medioambientales, como los fenómenos meteorológicos

11

extremos, y el fracaso de la mitigación y adaptación al cambio climático fueron algunos de los principales riesgos mundiales expresados por los asistentes al FEM. El 13 de junio de 2019, el WEF y las Naciones Unidas firmaron un "Marco de Asociación Estratégica" con el fin de "acelerar conjuntamente la implementación de la Agenda 2030 para el Desarrollo Sostenible."

El Foro Económico Mundial de 2021 debía celebrarse del 17 al 20 de agosto en Singapur. Sin embargo, el 17 de mayo se canceló el Foro; en su lugar se celebrará una nueva reunión en el primer semestre de 2022, con un lugar y fecha definitivos que se determinarán más adelante en 2021.

A finales de diciembre de 2021, el Foro Económico Mundial informó en un comunicado de que las condiciones pandémicas habían hecho extremadamente difícil celebrar una reunión mundial en persona el mes siguiente; la transmisibilidad de la variante Omicron del SARS-CoV-2 y su impacto en los viajes y la movilidad habían hecho necesario el aplazamiento. A principios de 2022, la reunión anual de Davos se reprogramó para los días 22 a 26 de mayo de 2022. Entre sus temas figuran la guerra ruso-ucraniana, el cambio climático, la inseguridad energética y la inflación. El Presidente de Ucrania, Volodymyr Zelenskyy, pronunció un discurso especial en la reunión, agradeciendo a la comunidad mundial sus esfuerzos, pero también pidiendo más apoyo. El Foro 2022 estuvo marcado por la ausencia de una delegación rusa por primera vez desde 1991, lo que *The Wall Street Journal describió* como una señal del "desmoronamiento de la globalización". La antigua Casa de Rusia se utilizó para presentar los crímenes de guerra de Rusia.

La reunión anual 2023 del Foro Económico Mundial se celebró en Davos (Suiza) del 16 al 20 de enero bajo el lema "Cooperación en un mundo fragmentado".

13

## Organización del FEM

Con sede en Colonia, el FEM también tiene oficinas en Nueva York, Pekín y Tokio. En enero de 2015, el Gobierno Federal Suizo lo designó ONG con el estatus de "otro organismo internacional" en virtud de la Ley del Estado Suizo de Acogida.

El 10 de octubre de 2016, el FEM anunció la apertura de su nuevo Centro para la Cuarta Revolución Industrial en San Francisco. Según el FEM, el centro "servirá de plataforma de interacción, conocimiento e impacto sobre los cambios científicos y tecnológicos que están modificando nuestra forma de vivir, trabajar y relacionarnos".

El Foro Económico Mundial afirma que es imparcial y que no está vinculado a ningún interés político, partidista o nacional. Hasta 2012, tenía estatus de observador en el Consejo Económico y Social de las Naciones Unidas, cuando le fue revocado; está bajo la supervisión del Consejo Federal Suizo. El máximo órgano de gobierno de la fundación es su patronato.

La Junta Directiva está presidida por el Presidente del FEM, Børge Brende, y actúa como órgano ejecutivo del Foro Económico Mundial. Los miembros de la Junta Directiva son Børge Brende, Julien Gattoni, Jeremy Jurgens, Adrian Monck, Sarita Nayyar, Olivier M. Schwab, Saadia Zahidi y Alois Zwinggi.

## Consejo de Administración

El FEM está presidido por su fundador y presidente ejecutivo, el profesor Klaus Schwab, y está dirigido por un consejo de administración compuesto por líderes del mundo empresarial, político, académico y de la sociedad civil. En 2010, el patronato estaba compuesto por: Josef Ackermann, Peter Brabeck-Letmathe, Kofi Annan, Victor L. L. Chu, Tony Blair, Michael S. Dell, Niall FitzGerald, Susan Hockfield, Orit Gadiesh, Christine Lagarde, Carlos Ghosn, Maurice Lévy, Rajat Gupta, Indra Nooyi, Peter D. Sutherland, Ivan Pictet, Heizo Takenaka, Ernesto Zedillo Ponce de León, Joseph P. Schoendorf, S.M. la Reina Rania Al Abdullah. Entre los miembros del patronato (pasados o presentes) figuran: Mukesh Ambani, Marc Benioff, Peter Brabeck-Letmathe, Mark Carney, Laurence D. Fink, Chrystia Freeland, Orit Gadiesh, Fabiola Gianotti,

15

Al Gore, Herman Gref, José Ángel Gurría, André Hoffmann, Ursula von der Leyen, Jack Ma, Yo-Yo Ma, Peter Maurer, Luis Alberto Moreno, Muriel Pénicaud, S. M. la Reina Rania Al Abdullah.M. la Reina Rania Al Abdullah del Reino Hachemí de Jordania, L. Rafael Reif, David M. Rubenstein, Mark Schneider, Klaus Schwab, Tharman Shanmugaratnam, Jim Hagemann Snabe, Feike Sijbesma, Heizo Takenaka, Zhu Min.

## Afiliación

La fundación está financiada por sus 1.000 empresas miembros, que suelen ser empresas mundiales con más de 5.000 millones de dólares de facturación (según el sector y la región). Estas empresas figuran entre las más importantes de su sector y/o país y desempeñan un papel destacado en la configuración del futuro de su sector y/o región. La afiliación se estratifica según el nivel de compromiso con las actividades del foro, y el nivel de las cuotas de afiliación aumenta a medida que aumenta la participación en reuniones, proyectos e iniciativas. En 2011, una afiliación anual costaba 52.000 $ para un miembro individual, 263.000 $ para un "Socio Industrial" y 527.000 $ para un "Socio Estratégico". Una cuota de admisión cuesta 19.000 dólares por persona. En 2014, el FEM aumentó las cuotas anuales en un 20%, con lo que el coste para el "Socio Estratégico" pasó de 500.000 CHF (523.000 $) a 600.000 CHF (628.000 $).

# Actividades del FEM

## Reunión anual en Davos

El buque insignia del Foro Económico Mundial es la reunión anual celebrada a finales de enero en Davos (Suiza), a la que sólo se puede asistir por invitación y que reúne en un entorno alpino a los directores ejecutivos de sus 1.000 empresas miembros, así como a políticos seleccionados, representantes del mundo académico, ONG, líderes religiosos y medios de comunicación. Los debates de invierno se centran ostensiblemente en temas clave de interés mundial (como la globalización, los mercados de capitales, la gestión de la riqueza, los conflictos internacionales, los problemas medioambientales y sus posibles soluciones). Los participantes también toman parte en juegos de rol, como el Investment Heat Map. Las reuniones informales de invierno pueden haber dado lugar a tantas ideas y soluciones como las sesiones oficiales.

En la reunión anual de 2018, más de 3000 participantes de casi 110 países participaron en más de 400 sesiones. Participaron más de 340 personalidades públicas, entre ellas más de 70 jefes de Estado y de gobierno y 45 jefes de organizaciones internacionales; estuvieron representados 230 representantes de los medios de comunicación y casi 40 líderes culturales.

Participan hasta 500 periodistas de Internet, prensa, radio y televisión, con acceso a todas las sesiones del programa oficial, algunas de las cuales también se retransmiten por Internet. Sin embargo, no todos los periodistas tienen acceso a todas las zonas. Esto se reserva a los titulares de una insignia blanca. Según Anthony Reuben, periodista de la BBC, "Davos funciona casi como un sistema de castas". "Un distintivo blanco significa que uno es uno de los delegados: puede ser el director ejecutivo de una empresa o el dirigente de un país (aunque eso también le daría una pequeña pegatina holográfica para añadir a su distintivo), o un periodista de alto nivel. Un distintivo naranja significa que eres un periodista corriente". Todos los debates plenarios de la reunión anual están disponibles en YouTube, y las fotografías, en Flickr.

**Participantes individuales**

Unos 3.000 participantes individuales acudieron a la reunión anual de Davos 2020. Entre los países con más asistentes figuran Estados Unidos (674 participantes), Reino Unido (270), Suiza (159), Alemania (137) e India (133). Entre los asistentes había jefes de Estado o de gobierno, ministros de gabinete, embajadores, jefes o altos cargos de organizaciones internacionales) que asistieron a la reunión anual, entre ellos: Sanna Marin (primera ministra de Finlandia), Ursula von der Leyen (presidenta de la Comisión Europea), Christine Lagarde (presidenta del BCE), Greta Thunberg (activista climática), Ren Zhengfei (fundador de Huawei Technologies), Kristalina Georgieva (directora gerente del FMI), Deepika Padukone (actriz de Bollywood), George Soros (inversor) y Donald Trump (presidente de Estados Unidos).

Según un análisis de *The Economist* de 2014, la gran mayoría de los participantes son hombres y tienen más de 50 años. Las carreras empresariales representan la mayor parte de la procedencia de los participantes (1.595 asistentes a la conferencia), mientras que el resto se reparte entre la Administración (364), las ONG (246) y la prensa (234). El mundo académico, que había sido la base de la primera conferencia anual en 1971, ha quedado marginado al grupo de participantes más reducido (183 asistentes).

## Empresas participantes

Junto a los participantes individuales, el Foro Económico Mundial mantiene una densa red de socios corporativos que pueden solicitar diferentes rangos de asociación dentro del foro. Para 2019, Bloomberg ha identificado un total de 436 empresas cotizadas que participaron en la reunión anual, al tiempo que mide un rendimiento inferior de las acciones de los participantes de Davos de alrededor del -10% frente al S&P 500 durante el mismo año. Los factores determinantes son, entre otros, una sobrerrepresentación de las empresas financieras y una infrarrepresentación de las empresas sanitarias y de tecnología de la información de rápido crecimiento en la conferencia. *The Economist* había hallado resultados similares en un estudio anterior, que mostraba un rendimiento inferior de los participantes en Davos frente al índice MSCI World y al S&P 500 entre 2009 y 2014.

## Reunión anual de verano

21

En 2007, la fundación creó la Reunión Anual de los Nuevos Campeones (también llamada Davos de Verano), que se celebra anualmente en China, alternando entre Dalian y Tianjin, y reúne a 1.500 participantes de lo que la fundación denomina Empresas de Crecimiento Global, principalmente de países emergentes de rápido crecimiento como China, India, Rusia, México y Brasil, pero también incluye empresas de rápido crecimiento de países desarrollados. En la reunión también participa la próxima generación de líderes mundiales de regiones de rápido crecimiento y ciudades competitivas, así como pioneros tecnológicos de todo el mundo. El Primer Ministro de China ha pronunciado un discurso plenario en cada reunión anual.

## Reuniones regionales

Todos los años se celebran reuniones regionales que permiten un estrecho contacto entre los líderes empresariales, los dirigentes de los gobiernos locales y las ONG. Las reuniones se celebran en África, Asia Oriental, América Latina y Oriente Medio. La combinación de países anfitriones varía de un año a otro, pero China e India han sido los anfitriones durante toda la década desde 2000.

## Jóvenes líderes mundiales

El grupo de Jóvenes Líderes Mundiales está formado por 800 personas elegidas por los organizadores del FEM como representativas del liderazgo contemporáneo. Tras cinco años de participación son considerados antiguos alumnos. El programa ha recibido polémica cuando Schwab, su fundador, admitió haber "penetrado" gobiernos con Jóvenes Líderes Globales. Añadió que en 2017 "más de la mitad" del Gabinete de Justin Trudeau habían sido miembros del programa.

## Emprendedores sociales

Desde 2000, el FEM promueve modelos desarrollados por los en estrecha colaboración con la Fundación Schwab para el Emprendimiento Social, destacando el emprendimiento social como elemento clave para hacer avanzar las sociedades y abordar los problemas sociales. Se invita a empresarios sociales seleccionados a participar en las reuniones regionales de la fundación y en las reuniones anuales, donde pueden reunirse con directores ejecutivos y altos funcionarios de la administración. En la reunión anual de 2003, por ejemplo, Jeroo Billimoria se

reunió con Roberto Blois, Vicesecretario General de la
Unión Internacional de Telecomunicaciones, encuentro
que dio lugar a una asociación clave para su organización
Child helpline international.

**Informes de investigación**

La Fundación también actúa como grupo de reflexión,
publicando una amplia gama de informes. En particular,
los "Strategic Insight Teams" se centran en la elaboración
de informes de relevancia en los ámbitos de la
competitividad, los riesgos globales y el pensamiento
hipotético.

El "Equipo de Competitividad" elabora una serie de
informes económicos anuales (publicados por primera vez
entre paréntesis): el Informe sobre Competitividad Global
(1979) medía la competitividad de los países y las
economías; el Informe Global sobre Tecnologías de la
Información (2001) evaluaba su competitividad en función
de su preparación para las TI; el Informe Global sobre la
Brecha de Género examinaba las áreas críticas de
desigualdad entre hombres y mujeres; el Informe sobre
Riesgos Globales (2006) evaluaba los principales riesgos

mundiales; el Informe Global sobre Viajes y Turismo (2007) medía la competitividad de los viajes y el turismo; el Informe sobre el Desarrollo Financiero (2008) tenía como objetivo proporcionar un medio global para que los países establecieran puntos de referencia para diversos aspectos de sus sistemas financieros y establecieran prioridades de mejora; y el Informe Global Enabling Trade (2008) presentaba un análisis entre países del gran número de medidas que facilitan el comercio entre naciones.

La "Red de Respuesta a los Riesgos" elabora un informe anual en el que se evalúan los riesgos que se consideran dentro del ámbito de actuación de estos equipos, tienen relevancia intersectorial, son inciertos, tienen el potencial de causar daños económicos superiores a 10.000 millones de dólares, tienen el potencial de causar un sufrimiento humano importante y que requieren un enfoque de múltiples partes interesadas para su mitigación.

En 2020, el foro publicó un informe titulado: "Nature Risk Rising". En este informe, el foro estimaba que aproximadamente la mitad del PIB mundial depende en gran medida o moderadamente de la naturaleza y que 1

25

dólar invertido en la restauración de la naturaleza produce
9 dólares de beneficios.

# Iniciativas del FEM

**Salud**

La Iniciativa Global de Salud fue lanzada por Kofi Annan en la reunión anual de 2002. La misión de la GHI era implicar a las empresas en asociaciones público-privadas para hacer frente al VIH/SIDA, la tuberculosis, la malaria y los sistemas sanitarios.

La Iniciativa Mundial por la Educación (GEI), lanzada durante la reunión anual de 2003, reunió a empresas internacionales de TI y gobiernos de Jordania, Egipto e India, lo que ha permitido disponer de nuevos equipos informáticos personales en sus aulas y de más profesores locales formados en aprendizaje electrónico. El modelo GEI, que es escalable y sostenible, se utiliza ahora como modelo educativo en otros países, entre ellos Ruanda.

El 19 de enero de 2017 se presentó en el FEM de Davos la Coalition for Epidemic Preparedness Innovations (CEPI), una iniciativa mundial para luchar contra las epidemias. La iniciativa, financiada con fondos internacionales, pretende garantizar el suministro de vacunas para emergencias mundiales y pandemias, e investigar nuevas vacunas para enfermedades tropicales, que ahora son más amenazadoras. El proyecto está financiado por donantes privados y gubernamentales, con una inversión inicial de 460 millones de dólares de los gobiernos de Alemania, Japón y Noruega, además de la Fundación Bill y Melinda Gates y el Wellcome Trust.

## Reunión de 2020

Entre el 21 y el 24 de enero de 2020, en las primeras fases del brote de COVID-19, el CEPI se reunió con dirigentes de Moderna para establecer planes para una vacuna contra el COVID-19 en el encuentro de Davos, con un número total de casos en todo el mundo de 274 y un total de víctimas mortales del virus de 16.

La OMS declaró una emergencia sanitaria mundial 6 días después.

## Sociedad

La Iniciativa del Agua reúne a diversas partes interesadas, como Alcan Inc, la Agencia Suiza para el Desarrollo y la Cooperación, USAID India, PNUD India, la Confederación de la Industria India (CII), el Gobierno de Rajastán y la

Fundación Empresarial de la NEPAD, para desarrollar asociaciones público-privadas sobre la gestión del agua en Sudáfrica e India.

En un esfuerzo por combatir la corrupción, los directores ejecutivos de los sectores de la ingeniería y la construcción, la energía y los metales, y la minería lanzaron la Iniciativa de Colaboración contra la Corrupción (PACI) en la reunión anual de Davos en enero de 2004. La PACI es una plataforma para el intercambio entre homólogos sobre experiencias prácticas y situaciones dilemáticas. Aproximadamente 140 empresas se han adherido a la iniciativa.

## Medio ambiente

A principios del siglo XXI, el foro empezó a ocuparse cada vez más de cuestiones medioambientales. En el Manifiesto de Davos 2020 se dice que una empresa entre otras:

- "actúa como administradora del universo medioambiental y material para las generaciones futuras. Protege conscientemente nuestra biosfera y defiende una economía circular, compartida y regenerativa."

- "gestiona responsablemente la creación de valor a corto, medio y largo plazo en busca de una rentabilidad sostenible para el accionista que no sacrifique el futuro por el presente".

- "es más que una unidad económica generadora de riqueza. Satisface aspiraciones humanas y sociales como parte de un sistema social más amplio. El rendimiento debe medirse no sólo por la rentabilidad para los accionistas, sino también por cómo logra sus objetivos medioambientales, sociales y de buen gobierno."

La Iniciativa Medioambiental abarca cuestiones relacionadas con el cambio climático y el agua. En el marco del Diálogo de Gleneagles sobre el Cambio Climático, el gobierno del Reino Unido pidió al Foro Económico Mundial en la Cumbre del G8 celebrada en Gleneagles en 2005 que facilitara un diálogo con la comunidad empresarial para elaborar recomendaciones destinadas a reducir las emisiones de gases de efecto invernadero. Este conjunto de recomendaciones, respaldadas por un grupo mundial de presidentes de empresas, se presentó a los líderes antes de la Cumbre del G8 celebrada en Toyako (Hokkaido, Japón) en julio de 2008.

En 2016 el WEF publicó un artículo en el que se dice, que en algunos casos reducir el consumo puede aumentar el bienestar. En el artículo se menciona que en Costa Rica el PIB es 4 veces menor que en muchos países de Europa Occidental y América del Norte, pero la gente vive más y mejor. Un estudio norteamericano muestra que aquellos cuyos ingresos son superiores a 75.000 dólares, no tienen necesariamente un aumento del bienestar. Para medir mejor el bienestar, la New Economics Foundation ha lanzado el Índice del Planeta Feliz.

En enero de 2017, el FEM puso en marcha la Plataforma para Acelerar la Economía Circular (PACE), que es una asociación público-privada mundial que busca ampliar las innovaciones de la economía circular. La PACE está copresidida por Frans van Houten (director general de Philips), Naoko Ishii (directora general del Fondo para el Medio Ambiente Mundial) y el director del Programa de las Naciones Unidas para el Medio Ambiente (PNUMA). La Fundación Ellen MacArthur, el Panel Internacional de

Recursos, Circle Economy, Chatham House, el Instituto Nacional Holandés de Salud Pública y Medio Ambiente, el Programa de las Naciones Unidas para el Medio Ambiente y Accenture actúan como socios de conocimiento, y el programa cuenta con el apoyo del Ministerio de Medio Ambiente, Alimentación y Asuntos Rurales del Reino Unido, DSM, FrieslandCampina, Global Affairs Canada, el Ministerio Holandés de Infraestructuras y Gestión del Agua, Rabobank, Shell, SITRA y Unilever.

El Foro hizo hincapié en su "Iniciativa para el Medio Ambiente y la Seguridad de los Recursos Naturales" para la reunión de 2017 con el fin de lograr un crecimiento económico inclusivo y prácticas sostenibles para las industrias mundiales. Con el aumento de las limitaciones al comercio mundial debido a los intereses nacionales y las barreras comerciales, el FEM ha adoptado un enfoque más sensible y social para las empresas mundiales, centrándose en la reducción de las emisiones de carbono en China y otras grandes naciones industriales.

También en 2017, el FEM lanzó la Iniciativa Cuarta Revolución Industrial (4IR) para la Tierra, una colaboración entre el FEM, la Universidad de Stanford y PwC, y financiada a través de la Fundación Mava. En 2018, el FEM anunció que uno de los proyectos de esta iniciativa sería el Proyecto BioGenoma de la Tierra, cuyo objetivo es secuenciar los genomas de todos los organismos de la Tierra.

El Foro Económico Mundial trabaja para eliminar la contaminación por plástico, afirmando que en 2050 consumirá el 15% del presupuesto mundial de carbono y pasará por su peso a los peces de los océanos del mundo. Uno de los métodos es lograr la economía circular.

El tema de la reunión anual del Foro Económico Mundial de 2020 fue "Partes interesadas en un mundo cohesionado y sostenible". El cambio climático y la sostenibilidad fueron temas centrales de debate. Muchos argumentaron que el PIB no representa correctamente el bienestar y que hay que poner fin a las subvenciones a los combustibles fósiles. Muchos de los participantes afirmaron que se necesita un capitalismo mejor. Al Gore resumió las ideas de la conferencia como: "Hay que reformar la versión del capitalismo que tenemos hoy en nuestro mundo".

33

En esta reunión el Foro Económico Mundial:

- Lanzamiento de la Campaña del Trillón de Árboles, una iniciativa cuyo objetivo es "cultivar, restaurar y conservar 1 billón de árboles en los próximos 10 años en todo el mundo, en un intento de restaurar la biodiversidad y ayudar a combatir el cambio climático". Donald Trump se sumó a la iniciativa. El foro declaró que: "Las soluciones basadas en la naturaleza -bloqueando el carbono en los bosques, praderas y humedales del mundo- pueden proporcionar hasta un tercio de la reducción de emisiones necesaria para 2030 para cumplir los objetivos del Acuerdo de París", añadiendo que el resto debería proceder de los sectores de la industria pesada, las finanzas y el transporte. Uno de los objetivos es unificar los proyectos de reforestación existentes
- Se debatió la cuestión del cambio climático y se hizo un llamamiento a la expansión de las energías renovables, la eficiencia energética, el cambio de las pautas de consumo y la eliminación del carbono de la atmósfera. El foro afirmó que la crisis climática se convertirá en un apocalipsis

climático si la temperatura aumenta 2 grados. El foro instó a cumplir los compromisos del Acuerdo de París. Jennifer Morgan, directora ejecutiva de Greenpeace, afirmó que, hasta el comienzo del foro, los combustibles fósiles siguen recibiendo tres veces más dinero que las soluciones climáticas.

En la reunión anual de 2021, la Convención Marco de las Naciones Unidas sobre el Cambio Climático (CMNUCC) lanzó la "Campaña de las Naciones Unidas para lograr cero emisiones". El objetivo de la campaña es transformar 20 sectores de la economía para lograr cero emisiones de gases de efecto invernadero. Al menos el 20% de cada sector deberá adoptar medidas específicas, y 10 sectores deberán transformarse antes de la COP 26 de Glasgow. Según los organizadores, el 20% es un punto de inflexión, a partir del cual todo el sector empieza a cambiar irreversiblemente.

**Coronavirus y recuperación verde**

En abril de 2020, el foro publicó un artículo que postula que la pandemia de COVID-19 está vinculada a la destrucción de la naturaleza. El número de enfermedades emergentes está aumentando y este aumento está relacionado con la deforestación y la pérdida de especies. En el artículo se dan múltiples ejemplos de la degradación de los sistemas ecológicos causada por el ser humano. También se dice que la mitad del PIB mundial depende moderadamente o en gran medida de la naturaleza. El artículo concluye que la recuperación de la pandemia debe ir ligada a la recuperación de la naturaleza.

El foro propuso un plan para una recuperación ecológica. El plan incluye el avance de la economía circular. Entre los métodos mencionados figuran la construcción ecológica, el transporte sostenible, la agricultura ecológica, los espacios abiertos urbanos, las energías renovables y los vehículos eléctricos.

**Consejos Mundiales del Futuro**

La Red de Consejos Mundiales del Futuro se reúne anualmente en los Emiratos Árabes Unidos y virtualmente varias veces al año. La segunda reunión anual del FEM se celebró en Dubái en noviembre de 2017, cuando hubo 35 consejos distintos centrados en un tema, sector o tecnología específicos. En 2017, los miembros se reunieron con representantes y socios del nuevo Centro para la Cuarta Revolución Industrial del FEM. Las ideas y propuestas se llevan adelante para seguir debatiéndolas en la reunión anual del Foro Económico Mundial en Davos-Klosters en enero.

## Comunidad Global Shapers

La Global Shapers Community (GSC), una iniciativa del Foro Económico Mundial, selecciona a jóvenes líderes menores de 30 años en función de sus logros y su potencial para ser agentes de cambio en el mundo. Los Global Shapers desarrollan y dirigen centros en sus ciudades para poner en marcha proyectos de justicia social que promuevan la misión del Foro Económico Mundial. El GSC tiene más de 10.000 miembros en más de 500 centros en 154 países. Algunos críticos consideran que el creciente interés del FEM por ámbitos activistas como la protección del medio ambiente y el emprendimiento social es una estrategia para ocultar los verdaderos objetivos plutocráticos de la organización.

## Divisiones de proyectos

Los proyectos se dividen en 17 áreas de impacto: Arte y Cultura, Ciudades y Urbanización, Participación Cívica, Cambio Climático, Covid-19 Respuesta, Educación, Emprendimiento, Cuarta Revolución Industrial, Igualdad de Género, Salud Global, Migración, Modelar el Futuro, Desarrollo Sostenible, Valores, Agua, #WeSeeEqual, y Fuerza Laboral y Empleo.

En Desarrollo Sostenible, la comunidad ha puesto en marcha la Iniciativa Shaping Fashion, en la que participan los centros de Dusseldorf, Corrientes, Lahore, Davao, Milán, Lyon, Quito y Taipei, entre otros.

En Emprendimiento, Bucarest acoge el Premio al Impacto Social desde 2009. Lleva a cabo programas de educación e incubación en más de 20 países de Europa, África y Asia y ha influido en más de 1000 jóvenes emprendedores sociales de entre 14 y 30 años. En Norteamérica, Nueva York acoge la aceleradora de empresas OneRise desde 2021.

**Futuro del trabajo**

El grupo de trabajo sobre el futuro del trabajo estuvo presidido por Linda Yaccarino. En relación con el futuro del trabajo, el FEM 2020 fijó el objetivo de proporcionar mejores empleos, acceso a una educación de mayor calidad y competencias a mil millones de personas de aquí a 2030.

## El Gran Reinicio

En mayo de 2020, el FEM y la Iniciativa de Mercados Sostenibles del Príncipe de Gales lanzaron el proyecto "The Great Reset", un plan de cinco puntos para potenciar el crecimiento económico sostenible tras la recesión mundial provocada por el bloqueo de la pandemia COVID-19. "The Great Reset" iba a ser el tema de la reunión anual del FEM en agosto de 2021.

Según el fundador del foro, Schwab, la intención del proyecto es reconsiderar el significado del capitalismo y del capital. Aunque no abandona el capitalismo, propone cambiar y posiblemente abandonar algunos de sus aspectos, como el neoliberalismo y el fundamentalismo del libre mercado. Habría que reconsiderar el papel de las empresas, la fiscalidad y otras cuestiones. Hay que defender la cooperación y el comercio internacionales y también la Cuarta Revolución Industrial.

39

El foro define el sistema que quiere crear como
"Stakeholder Capitalism". El foro apoya a los sindicatos.

# Críticas al FEM

**Protestas físicas**

A finales de la década de 1990, el FEM, así como el G7, el Banco Mundial, la Organización Mundial del Comercio y el Fondo Monetario Internacional, fueron objeto de duras críticas por parte de activistas antiglobalización que afirmaban que el capitalismo y la globalización estaban aumentando la pobreza y destruyendo el medio ambiente. En 2000, unos 10.000 manifestantes interrumpieron una reunión regional del FEM en Melbourne, obstruyendo el paso a 200 delegados. La mayoría de los años, aunque no todos, se celebran pequeñas manifestaciones en Davos, organizadas por el Partido Verde local *(véase Protestas contra el FEM en Suiza, enero de 2003)* para protestar contra lo que se ha dado en llamar las reuniones de los "peces gordos en la nieve", un término irónico utilizado por el cantante de rock Bono.

Después de 2014, el movimiento de protesta física contra el Foro Económico Mundial se extinguió en gran medida, y la policía suiza observó un descenso significativo del número de manifestantes asistentes, 20 como máximo durante la reunión de 2016. Aunque los manifestantes siguen siendo más numerosos en las grandes ciudades suizas, el movimiento de protesta en sí ha experimentado un cambio significativo. Alrededor de 150 tibetanos y uigures protestaron en Ginebra y 400 tibetanos en Berna contra la visita del líder supremo de China, Xi Jinping, para la reunión de 2017, con los consiguientes enfrentamientos y detenciones.

## Crecen las diferencias de riqueza

Varias ONG han aprovechado el Foro Económico Mundial para poner de relieve las crecientes desigualdades y brechas de riqueza, que consideran que no se abordan con suficiente amplitud o ni siquiera se refuerzan a través de instituciones como el FEM. Winnie Byanyima, directora ejecutiva de la confederación de lucha contra la pobreza Oxfam Internacional, copresidió la reunión de 2015, en la que presentó un informe crítico sobre la distribución de la riqueza mundial basado en una investigación estadística del Credit Suisse Research Institute. En este estudio, el 1% de las personas más ricas del mundo poseen el 48% de la riqueza mundial. En la reunión de 2019, presentó otro informe en el que afirmaba que la brecha entre ricos y pobres no ha hecho más que aumentar. El informe "Bien público o riqueza privada" afirmaba que 2.200 multimillonarios de todo el mundo vieron crecer su riqueza un 12%, mientras que la mitad más pobre vio caer su riqueza un 11%. Oxfam reclama una revisión fiscal global que aumente y armonice los tipos impositivos mundiales para las empresas y las personas ricas.

## Formación de una élite independiente

La formación de una élite desvinculada, que suele etiquetarse con el neologismo "Davos Man", se refiere a un grupo global cuyos miembros se ven a sí mismos como completamente "internacionales". El término se refiere a personas que "tienen poca necesidad de lealtad nacional, ven las fronteras nacionales como obstáculos y consideran a los gobiernos nacionales como residuos del pasado cuya única función útil es facilitar las operaciones globales de la élite", según el politólogo Samuel P. Huntington, a quien se atribuye la invención del neologismo. En su artículo de 2004 "Dead Souls: The Denationalization of the American Elite", Huntington sostiene que esta perspectiva internacional es una

posición elitista minoritaria no compartida por la mayoría
nacionalista del pueblo.

El Transnational Institute describe el principal objetivo del
Foro Económico Mundial como "funcionar como una
institución socializadora para la élite global emergente, la
"mafiocracia" de la globalización formada por banqueros,
industriales, oligarcas, tecnócratas y políticos. Promueven
ideas comunes y sirven a intereses comunes: los suyos".

En 2019, el periodista *de Manager Magazin* Henrik Müller
argumentó que el "Hombre de Davos" ya se había
descompuesto en diferentes grupos y campos. En su
opinión, esto se debe a tres factores:

- Ideológicamente: el modelo liberal occidental ya no
  se considera un modelo universal al que aspiren
  otros países (con el totalitarismo digital de China o
  el absolutismo tradicional del Golfo Pérsico como
  contrapropuestas, todas ellas representadas por
  miembros del Gobierno en Davos).
- Socialmente: las sociedades se desintegran cada
  vez más en diferentes grupos, cada uno de los
  cuales evoca su propia identidad (por ejemplo,

encarnado a través del voto Brexit o bloqueos del Congreso en los EE.UU.).

- Económicamente: la realidad económica medida contradice en gran medida las ideas establecidas sobre cómo debería funcionar realmente la economía (a pesar de los repuntes económicos, los salarios y los precios, por ejemplo, apenas suben).

**Coste público de la seguridad**

Los críticos sostienen que el FEM, a pesar de contar con reservas de varios cientos de millones de francos suizos y de pagar a sus ejecutivos salarios de alrededor de un millón de francos suizos al año, no pagaría ningún impuesto federal y, además, asignaría una parte de sus costes al público. Tras las críticas masivas de políticos y de la sociedad civil suiza, el gobierno federal suizo decidió en febrero de 2021 reducir sus contribuciones anuales al FEM.

En 2018, los gastos policiales y militares soportados por el Gobierno federal ascendían a 39 millones de francos suizos. El *Aargauer Zeitung* afirmaba en enero de 2020 que el coste adicional soportado por el cantón de los Grisones se situaba en 9 millones de francos suizos al año.

El Partido Verde suizo resumió sus críticas en el Consejo Nacional Suizo en que la celebración del Foro Económico Mundial ha costado a los contribuyentes suizos cientos de millones de francos suizos en las últimas décadas. Sin embargo, en su opinión, es cuestionable hasta qué punto la población suiza o la comunidad mundial se benefician de estos gastos.

## Debate de género

Las mujeres han estado ampliamente infrarrepresentadas en el FEM, según algunos críticos. La tasa de participación femenina en el FEM aumentó del 9% al 15% entre 2001 y 2005. En 2016, el 18% de los asistentes al FEM eran mujeres; esta cifra aumentó al 21% en 2017, y al 24% en 2020.

Varias mujeres han compartido desde entonces sus impresiones personales de las reuniones de Davos en artículos en los medios de comunicación, destacando que las cuestiones eran más profundas que "una cuota en

46

Davos para mujeres líderes o una sesión sobre diversidad e inclusión". En este contexto, el Foro Económico Mundial ha presentado demandas judiciales contra al menos tres artículos de investigación de los reporteros Katie Gibbons y Billy Kenber publicados por el diario británico *The Times* en marzo de 2020.

**Toma de decisiones antidemocrática**

Según el grupo de reflexión del Parlamento Europeo, los críticos ven en el FEM un instrumento para que los líderes políticos y empresariales "tomen decisiones sin tener que rendir cuentas a sus electores o accionistas".

Desde 2009, el FEM trabaja en un proyecto denominado Iniciativa de Rediseño Global (GRI, por sus siglas en inglés), que propone una transición desde la toma de decisiones intergubernamental hacia un sistema de gobernanza de múltiples partes interesadas. Según el Transnational Institute (TNI), el Foro pretende así sustituir un modelo democrático reconocido por otro en el que un grupo autoseleccionado de "partes interesadas" tome decisiones en nombre de la población.

47

Algunos críticos han considerado que la atención prestada por el FEM a objetivos como la protección del medio ambiente y el emprendimiento social es un mero escaparate para disfrazar su verdadera naturaleza y objetivos plutocráticos. En un artículo de opinión en *The Guardian*, Cas Mudde afirmó que estos plutócratas no deberían ser el grupo que controlara las agendas políticas y decidiera en qué temas centrarse y cómo apoyarlos. Un escritor de la revista alemana *Cicero* consideró la situación como la de unas élites académicas, culturales, mediáticas y económicas que se aferran al poder social sin tener en cuenta los procesos de decisión política. Un medio bien dotado materialmente intentaría en este contexto "cimentar su dominio de la opinión y sedar al pueblo llano con prestaciones sociales maternalistas-paternalistas, para que no les moleste el pueblo llano cuando gobiernan". El diario francés *Les Echos* concluye además que Davos "representa exactamente los valores que la gente rechazó en las urnas".

**Falta de transparencia financiera**

En 2017, el antiguo periodista del *Frankfurter Allgemeine Zeitung* Jürgen Dunsch criticó que los informes financieros del FEM no eran muy transparentes, ya que no se desglosaban ni los ingresos ni los gastos. Además, subrayó que el capital de la fundación no estaba cuantificado mientras que los beneficios, aparentemente nada despreciables, se reinvertirían.

Los recientes informes anuales publicados por la FEM incluyen un desglose más detallado de sus finanzas e indican unos ingresos de 349 millones de francos suizos para el año 2019, con unas reservas de 310 millones de francos suizos y un capital fundacional de 34 millones de francos suizos. No se ofrecen más detalles sobre a qué clases de activos o nombres individuales asigna la FEM sus activos financieros de 261 millones de CHF.

El periódico alemán *Süddeutsche Zeitung* criticó en este contexto que el FEM se había convertido en una "máquina de imprimir dinero", que se gestiona como una empresa familiar y constituye una cómoda forma de ganarse la vida para su personal clave. El fundador de la fundación, Klaus Schwab, cobra un sueldo de alrededor de un millón de francos suizos al año.

**Criterios de selección poco claros**

49

En una petición al Consejo Nacional Suizo, el Partido Verde suizo criticó que las invitaciones a la reunión anual y a los programas del Foro Económico Mundial se concedan siguiendo criterios poco claros. Destacan que "déspotas" como el hijo del ex dictador libio Saif al-Islam al-Gaddafi han sido invitados al FEM e incluso se les ha concedido el ingreso en el club de los "Jóvenes Líderes Mundiales". Incluso tras el inicio de la primavera árabe en diciembre de 2010 y los violentos levantamientos relacionados contra los regímenes déspotas, el FEM siguió invitando a Gadafi a su reunión anual.

**Huella ambiental de las reuniones anuales**

Los críticos subrayan que la reunión anual del Foro Económico Mundial es contraproducente a la hora de combatir problemas acuciantes de la humanidad como la crisis climática. Incluso en 2020, los participantes viajaron a la reunión anual del FEM en Davos en unos 1.300 jets privados, mientras que la carga total de emisiones derivadas del transporte y el alojamiento fue enorme, en su opinión.

## Captura empresarial de las instituciones mundiales y democráticas

El informe "Rediseño Global" del Foro Económico Mundial sugiere crear unas Naciones Unidas "público-privadas" en las que determinadas agencias operen y dirijan las agendas globales bajo sistemas de gobernanza compartidos. Afirma que el mundo globalizado probablemente esté mejor gestionado por una coalición de empresas multinacionales, gobiernos y organizaciones de la sociedad civil (OSC), lo que expresa a través de iniciativas como el "Great Reset" y el "Global Redesign".

En una entrevista de 2017, Schwab dijo que el presidente ruso Vladimir Putin había sido reconocido como Joven Líder Global, y también mencionó al primer ministro canadiense Justin Trudeau: "Tengo que decir, cuando menciono ahora nombres, como la señora (Angela) Merkel e incluso Vladimir Putin, etc., todos ellos han sido Jóvenes Líderes Globales del Foro Económico Mundial. Pero de lo que estamos muy orgullosos ahora es de la joven generación como el Primer Ministro (Justin) Trudeau... Penetramos en el gabinete. Ayer estuve en una recepción del Primer Ministro Trudeau y sé que la mitad de su gabinete, o incluso más de la mitad de su gabinete, son en realidad Jóvenes Líderes Mundiales".

En septiembre de 2019, más de 400 organizaciones de la sociedad civil y 40 redes internacionales criticaron duramente un acuerdo de asociación entre el FEM y las Naciones Unidas y pidieron al Secretario General de la ONU que le pusiera fin. Consideran dicho acuerdo como una "inquietante captura corporativa de la ONU, que movió al mundo peligrosamente hacia una gobernanza global privatizada". El think tank holandés Transnational Institute resume que nos adentramos cada vez más en un mundo en el que reuniones como Davos son "un silencioso golpe de Estado global" para capturar la gobernanza.

En diciembre de 2021, el gobierno neerlandés publicó su correspondencia anterior con representantes del Foro Económico Mundial, que muestra una amplia interacción entre el FEM y el gobierno neerlandés. Los documentos fueron facilitados oficialmente por el gobierno neerlandés.

**No acreditación de los medios de comunicación críticos**

En 2019, el periódico suizo *WOZ* recibió una negativa a su solicitud de acreditación para la reunión anual con los editores y posteriormente acusó al Foro Económico Mundial de favorecer a determinados medios de comunicación. El periódico destacó que el FEM afirmaba en su mensaje de denegación que [el Foro] prefiere los medios de comunicación con los que trabaja a lo largo del año. El subdirector *del WOZ*, Yves Wegelin, calificó esto de extraña idea del periodismo, porque en "periodismo no hay que trabajar necesariamente con grandes empresas, sino criticarlas".

## Iniciativas institucionales

Además de la política económica, en los últimos años la agenda del FEM se centra cada vez más en temas activistas de connotación positiva, como la protección del medio ambiente y el emprendimiento social, lo que los críticos consideran una estrategia para disfrazar los verdaderos objetivos plutocráticos de la organización.

En un artículo publicado en diciembre de 2020 por *The Intercept*, la autora Naomi Klein describió que las iniciativas del FEM como el "Gran Reajuste" eran

53

simplemente un "cambio de imagen con temática de coronavirus" de cosas que el FEM ya estaba haciendo y que era un intento de los ricos de quedar bien. En su opinión, "el Gran Reajuste no es más que la última edición de esta dorada tradición, apenas distinguible de las anteriores Grandes Ideas de Davos".

Del mismo modo, en su reseña de *COVID-19: The Great Reset*, el especialista en ética Steven Umbrello hace críticas paralelas a la agenda. Afirma que el FEM "encubre un futuro aparentemente optimista tras el Gran Reajuste con palabras de moda como equidad y sostenibilidad", mientras que en la práctica pone en peligro esos objetivos.

Un estudio publicado en el Journal of Consumer Research investigó el impacto sociológico del FEM. Concluía que el FEM no resuelve problemas como la pobreza, el calentamiento global, las enfermedades crónicas o la deuda. Según el estudio, el Foro simplemente ha trasladado la carga de la solución de estos problemas de los gobiernos y las empresas a los "sujetos consumidores responsables: el consumidor ecológico, el consumidor consciente de su salud y el consumidor con conocimientos financieros".

## Apropiación de las crisis mundiales

En diciembre de 2021, el cardenal católico y ex prefecto de la Congregación para la Doctrina de la Fe (CDF) Gerhard Ludwig Müller criticó en una polémica entrevista que personas como el fundador del FEM, Schwab, estuvieran sentados "en el trono de su riqueza" y no se sintieran conmovidos por las dificultades y sufrimientos cotidianos a los que se enfrenta la gente, por ejemplo, debido a la pandemia del COVID-19. Por el contrario, estas élites ven en las crisis una oportunidad para imponer sus programas. Criticó en particular el control que estas personas ejercen sobre la gente y su adhesión a ámbitos como el transhumanismo. El Consejo Central de los Judíos de Alemania tachó de antisemita esta crítica, que también está vinculada a los inversores financieros judíos.

WORLD ECONOMIC FORUM
WORLD ECONOMIC FORUM

# Polémicas del FEM

## Polémica con el ayuntamiento de Davos

En junio de 2021, el fundador del FEM, Klaus Schwab, criticó duramente lo que calificó de "especulación", "complacencia" y "falta de compromiso" por parte del municipio de Davos en relación con la reunión anual. Mencionó que la preparación de la reunión relacionada con el COVID en Singapur en 2021/2022 había creado una alternativa a su anfitrión suizo y ve la posibilidad de que la reunión anual se quede en Davos entre un 40% y un 70%.

## Polémica por el uso del nombre de Davos

Como hay muchas otras conferencias internacionales apodadas con "Davos", como el evento "Davos del desierto" organizado por el Instituto de la Iniciativa de Inversión Futura de Arabia Saudí, el Foro Económico Mundial se opuso al uso de "Davos" en tales contextos para cualquier evento no organizado por ellos. Esta declaración en particular se emitió el 22 de octubre de 2018, un día antes de la inauguración de 2018 Future Investment Initiative (apodado "Davos en el desierto") 57 organizado por el Fondo de Inversión Pública de Arabia Saudí.

# Alternativas para el FEM

## Foro Abierto de Davos

Desde la reunión anual de enero de 2003 en Davos, se celebra simultáneamente un Foro Abierto de *Davos,* coorganizado por la Federación de Iglesias Protestantes Suizas, que abre el debate sobre la globalización al público en general. El Foro Abierto se viene celebrando todos los años en el instituto local, y en él participan políticos y empresarios de primera fila. Está abierto a todo el público de forma gratuita.

## Premios Ojo Público

Los Public Eye Awards se celebran cada año desde 2000. Es un contraevento de la reunión anual del Foro Económico Mundial (FEM) en Davos. Los Public Eye Awards son una "competición pública de las peores corporaciones del mundo". En 2011, más de 50.000 personas votaron por las empresas que actuaban de forma irresponsable. En una ceremonia celebrada en un hotel de Davos, se nombró "ganadores" de 2011 al fabricante indonesio de diésel de aceite de palma Neste Oil, de Finlandia, y a la empresa minera AngloGold

Ashanti, de Sudáfrica. Según Schweiz aktuell emitido el 16 de enero de 2015, la presencia pública durante el FEM 2015, puede no estar garantizada debido al aumento masivo de la seguridad en Davos. El Public Eye Award se entregará por última vez en Davos: Public Eyes *says Goodbye to Davos*, confirmado por Rolf Marugg (ahora político *de Landrats*), por políticos no directamente comprometidos y por la policía responsable.

www.ingramcontent.com/pod-product-compliance
Lightning Source LLC
Chambersburg PA
CBHW061312140726
47998CB00006B/2352